This Siddur belongs to:

_____

Class:

_____

THE MAGERMAN EDITION

The Koren Children's Siddur

NUSAḤ ASHKENAZ

DEVELOPED BY DR. DANIEL ROSE

DESIGN BY TANI BAYER
ILLUSTRATIONS BY RINAT GILBOA

KOREN PUBLISHERS JERUSALEM

The Koren Children's Siddur, Nusaḥ Ashkenaz
Second Edition 2018

Koren Publishers Jerusalem Ltd.
POB 4044, Jerusalem 91040, Israel
POB 8531, New Milford, CT 06776, USA
www.korenpub.com

Illustrations by Rinat Gilboa © Koren Publishers Jerusalem Ltd.
Koren Tanakh Font © 1962, 2013 Koren Publishers Jerusalem Ltd.
Koren Siddur Font and text design © 1981, 2013 Koren Publishers Jerusalem Ltd.

Standard size, hardcover, ISBN 978 965 301 655 2
CSAA2
Printed in PRC

וְשִׁנַּנְתָּם לְבָנֶיךָ

Dedicated to my wife,

Debra   צביה אהובה

and our children,

Elijah Matthew   מנחם מנדל
Zachary Noah   יצחק אבנר
Sydney Rachel   אלקה שיינה
Lexie Belle   רחל לאה

in celebration of our joint and individual journeys toward a better
understanding of Torah and our relationship to Hashem.

David Magerman

Contents

 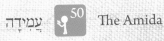

Dear Parents and Teachers,

It is with great excitement that we present to you the Koren Children's Siddur, what we believe is a new approach to Tefilla education in the school and home. This Siddur, the first in a series of appropriately designed siddurim for each developmental stage of the day-school journey, provides the teacher and parent with an educational resource as much as a conventional siddur. Each page is replete with teaching opportunities to bring the tefillot contained in the Siddur alive cognitively and emotionally for our children, advancing the overall goal of developing a spiritual connection to prayer and to God.

It is always a privilege to collaborate on a project with those who share our commitment and enthusiasm for bringing out the beauty of Tefilla. We are grateful to Debra and David Magerman for their support and are proud to have their name grace this edition. On behalf of the scholars, editors and designers of this volume, we thank you; on behalf of the users of this Siddur, we are forever in your debt.

We are fortunate to benefit from a world-class Educational Editorial Board assisting us in the creation of this program. We would like to thank the Board's Chairman, Dr. Scott Goldberg of Yeshiva University; Rabbi Adam Englander of the Hillel Day School of Boca Raton; Rabbi Dr. Jay Goldmintz of the Azrieli Graduate School; and Rabbi Boruch Sufrin of the Harkham Hillel Hebrew Academy of Beverly Hills. Their broad knowledge and experience provided the framework to structure the program.

The small but highly professional team at Koren was led by Dr. Daniel Rose, Director of Educational Projects. Dr. Rose also prepared the Teacher's and Parent's Guide that accompanies the Siddur. For the beauty of this Siddur we owe thanks to Koren's Art Director, Tani Bayer, and to the very talented illustrator, Rinat Gilboa.

It is our sincere hope and prayer that this Siddur will provide a platform for the educational and spiritual growth of the next generation of committed Jewish children.

Matthew Miller, Publisher
Jerusalem, 5774 (2014)

1 מוֹדֶה אֲנִי לְפָנֶיךָ מֶלֶךְ חַי וְקַיָּם

2 שֶׁהֶחֱזַרְתָּ בִּי נִשְׁמָתִי בְּחֶמְלָה

3 רַבָּה אֱמוּנָתֶךָ.

Boys say

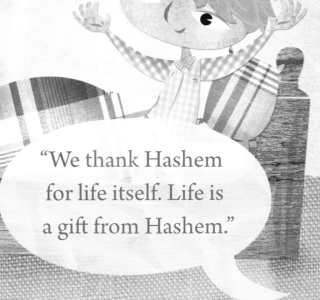

"We thank Hashem for life itself. Life is a gift from Hashem."

What do you want
to say "thank you"
for today?

Girls say

מוֹדָה אֲנִי לְפָנֶיךָ מֶלֶךְ חַי וְקַיָּם

שֶׁהֶחֱזַרְתָּ בִּי נִשְׁמָתִי בְּחֶמְלָה

רַבָּה אֱמוּנָתֶךָ.

Water sometimes moves and changes, and is sometimes still. When will you move and when will you be still today?

When we wake up we wash our hands in a special way. With a cup we pour water on the whole of the right hand, and then the left hand. This is then repeated twice more.

1 בָּרוּךְ אַתָּה יהוה
2 אֱלֹהֵינוּ מֶלֶךְ הָעוֹלָם
3 אֲשֶׁר קִדְּשָׁנוּ בְּמִצְוֹתָיו
4 וְצִוָּנוּ עַל נְטִילַת יָדָיִם.

What else are you going to do with your hands today?

What do you think is the most important part of your body? Why?

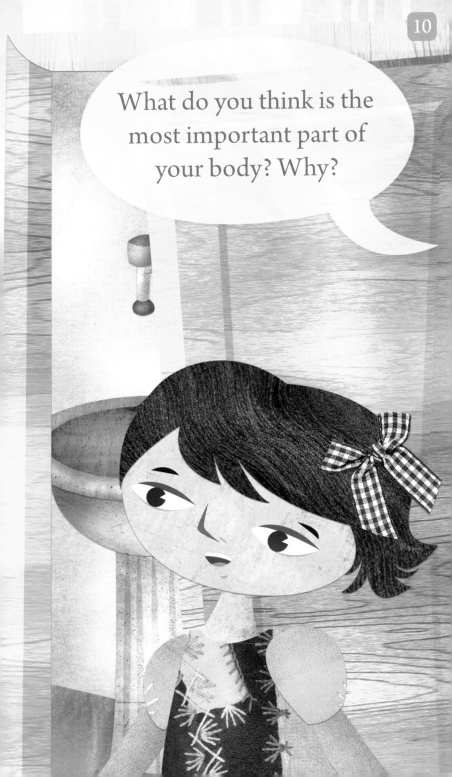

בָּרוּךְ אַתָּה יהוה
אֱלֹהֵינוּ מֶלֶךְ הָעוֹלָם
אֲשֶׁר יָצַר אֶת הָאָדָם בְּחָכְמָה
וּבָרָא בוֹ נְקָבִים נְקָבִים
חֲלוּלִים חֲלוּלִים.
גָּלוּי וְיָדוּעַ לִפְנֵי כִסֵּא כְבוֹדֶךָ
שֶׁאִם יִפָּתֵחַ אֶחָד מֵהֶם
אוֹ יִסָּתֵם אֶחָד מֵהֶם
אִי אֶפְשַׁר לְהִתְקַיֵּם וְלַעֲמוֹד לְפָנֶיךָ.
בָּרוּךְ אַתָּה יהוה
רוֹפֵא כָל בָּשָׂר וּמַפְלִיא לַעֲשׂוֹת.

"Judaism sees the doctor
as Hashem's messenger."

What makes
people different
rom animals?

"And Hashem breathed into man's nose the soul of life, and man became a living being" (*Bereshit* 2:7).

אֱלֹהַי

נְשָׁמָה שֶׁנָּתַתָּ בִּי טְהוֹרָה הִיא.

אַתָּה בְרָאתָהּ, אַתָּה יְצַרְתָּהּ

אַתָּה נְפַחְתָּהּ בִּי וְאַתָּה מְשַׁמְּרָהּ בְּקִרְבִּי

וְאַתָּה עָתִיד לִטְּלָהּ מִמֶּנִּי

וּלְהַחֲזִירָהּ בִּי לֶעָתִיד לָבוֹא.

כָּל זְמַן שֶׁהַנְּשָׁמָה בְקִרְבִּי

👦 מוֹדֶה   👧 מוֹדָה

אֲנִי לְפָנֶיךָ

יהוה אֱלֹהַי וֵאלֹהֵי אֲבוֹתַי

רִבּוֹן כָּל הַמַּעֲשִׂים, אֲדוֹן כָּל הַנְּשָׁמוֹת.

בָּרוּךְ אַתָּה יהוה

הַמַּחֲזִיר נְשָׁמוֹת לִפְגָרִים מֵתִים.

"צִיצִית are a reminder to us.
We tie them to our clothes
just as one might tie a string
around his finger or belt in order
to remember something."

בָּרוּךְ אַתָּה יהוה
אֱלֹהֵינוּ מֶלֶךְ הָעוֹלָם
אֲשֶׁר קִדְּשָׁנוּ בְּמִצְוֹתָיו
וְצִוָּנוּ עַל מִצְוַת צִיצִית.

צ = 90
\+
י = 10
\+
צ = 90
\+
י = 10
\+
ת = 400
\+
8 strings
\+
5 knots

= ?

Why do we make a בְּרָכָה on learning Torah?

If praying is talking to Hashem, then learning Torah is listening to Hashem!

1 בָּרוּךְ אַתָּה יהוה

2 אֱלֹהֵינוּ מֶלֶךְ הָעוֹלָם

3 אֲשֶׁר קִדְּשָׁנוּ בְּמִצְוֹתָיו

4 וְצִוָּנוּ לַעֲסֹק בְּדִבְרֵי תוֹרָה.

5 וְהַעֲרֶב נָא יהוה אֱלֹהֵינוּ

6 אֶת דִּבְרֵי תוֹרָתְךָ

7 בְּפִינוּ וּבְפִי עַמְּךָ בֵּית יִשְׂרָאֵל

8 וְנִהְיֶה אֲנַחְנוּ וְצֶאֱצָאֵינוּ

9 וְצֶאֱצָאֵי עַמְּךָ בֵּית יִשְׂרָאֵל

10 כֻּלָּנוּ יוֹדְעֵי שְׁמֶךָ

11 וְלוֹמְדֵי תוֹרָתְךָ לִשְׁמָהּ.

12 בָּרוּךְ אַתָּה יהוה

13 הַמְלַמֵּד תּוֹרָה לְעַמּוֹ יִשְׂרָאֵל.

What does it mean that the Torah is our "heritage"?

Hashem said to Avraham, "Through you, all the families of the world will be blessed" (*Bereshit* 12:3).

1 בָּרוּךְ אַתָּה יהוה

2 אֱלֹהֵינוּ מֶלֶךְ הָעוֹלָם

3 אֲשֶׁר בָּחַר בָּנוּ מִכָּל הָעַמִּים

4 וְנָתַן לָנוּ אֶת תּוֹרָתוֹ.

5 בָּרוּךְ אַתָּה יהוה נוֹתֵן הַתּוֹרָה.

6 יְבָרֶכְךָ יהוה וְיִשְׁמְרֶךָ:

7 יָאֵר יהוה פָּנָיו אֵלֶיךָ וִיחֻנֶּךָּ:

8 יִשָּׂא יהוה פָּנָיו אֵלֶיךָ וְיָשֵׂם לְךָ שָׁלוֹם:

9 תּוֹרָה צִוָּה-לָנוּ מֹשֶׁה

10 מוֹרָשָׁה קְהִלַּת יַעֲקֹב:

What makes a building "Jewish"?

"And they shall make a מִקְדָּשׁ for Me so that I may live among them" (*Shemot* 25:8).

מַה־טֹּבוּ

אֹהָלֶיךָ יַעֲקֹב, מִשְׁכְּנֹתֶיךָ יִשְׂרָאֵל׃

וַאֲנִי בְּרֹב חַסְדְּךָ אָבוֹא בֵיתֶךָ
אֶשְׁתַּחֲוֶה אֶל־הֵיכַל־קָדְשְׁךָ בְּיִרְאָתֶךָ׃
יהוה אָהַבְתִּי מְעוֹן בֵּיתֶךָ
וּמְקוֹם מִשְׁכַּן כְּבוֹדֶךָ׃

וַאֲנִי אֶשְׁתַּחֲוֶה
וְאֶכְרָעָה אֶבְרְכָה לִפְנֵי יהוה עֹשִׂי.

וַאֲנִי תְפִלָּתִי־לְךָ יהוה
עֵת רָצוֹן
אֱלֹהִים בְּרָב־חַסְדֶּךָ
עֲנֵנִי בֶּאֱמֶת יִשְׁעֶךָ׃

In what ways
is Hashem like a King?

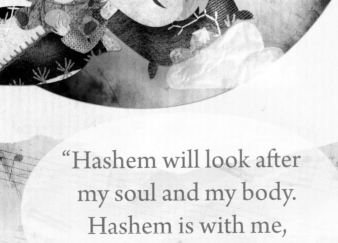

"Hashem will look after
my soul and my body.
Hashem is with me,
I will not be afraid!"

אֲדוֹן עוֹלָם

אֲשֶׁר מָלַךְ בְּטֶרֶם כָּל־יְצִיר נִבְרָא.
לְעֵת נַעֲשָׂה בְחֶפְצוֹ כֹּל אֲזַי מֶלֶךְ שְׁמוֹ נִקְרָא.
וְאַחֲרֵי כִּכְלוֹת הַכֹּל לְבַדּוֹ יִמְלֹךְ נוֹרָא.
וְהוּא הָיָה וְהוּא הֹוֶה וְהוּא יִהְיֶה בְּתִפְאָרָה.
וְהוּא אֶחָד וְאֵין שֵׁנִי לְהַמְשִׁיל לוֹ לְהַחְבִּירָה.
בְּלִי רֵאשִׁית בְּלִי תַכְלִית וְלוֹ הָעֹז וְהַמִּשְׂרָה.
וְהוּא אֵלִי וְחַי גֹּאֲלִי וְצוּר חֶבְלִי בְּעֵת צָרָה.
וְהוּא נִסִּי וּמָנוֹס לִי מְנָת כּוֹסִי בְּיוֹם אֶקְרָא.
בְּיָדוֹ אַפְקִיד רוּחִי בְּעֵת אִישַׁן וְאָעִירָה.
וְעִם רוּחִי גְּוִיָּתִי יהוה לִי וְלֹא אִירָא.

יִגְדַּל ¹

אֱלֹהִים חַי וְיִשְׁתַּבַּח ²

נִמְצָא וְאֵין עֵת אֶל מְצִיאוּתוֹ. ³

אֶחָד וְאֵין יָחִיד כְּיִחוּדוֹ ⁴

נֶעְלָם וְגַם אֵין סוֹף לְאַחְדּוּתוֹ. ⁵

אֵין לוֹ דְּמוּת הַגּוּף וְאֵינוֹ גוּף ⁶

לֹא נַעֲרֹךְ אֵלָיו קְדֻשָּׁתוֹ. ⁷

קַדְמוֹן לְכָל דָּבָר אֲשֶׁר נִבְרָא ⁸

רִאשׁוֹן וְאֵין רֵאשִׁית לְרֵאשִׁיתוֹ. ⁹

הִנּוֹ אֲדוֹן עוֹלָם ¹⁰

וְכָל נוֹצָר יוֹרֶה גְּדֻלָּתוֹ וּמַלְכוּתוֹ. ¹¹

שֶׁפַע נְבוּאָתוֹ נְתָנוֹ ¹²

אֶל־אַנְשֵׁי סְגֻלָּתוֹ וְתִפְאַרְתּוֹ. ¹³

לֹא קָם בְּיִשְׂרָאֵל כְּמֹשֶׁה עוֹד ¹⁴

נָבִיא וּמַבִּיט אֶת תְּמוּנָתוֹ. ¹⁵

1 תּוֹרַת אֱמֶת נָתַן לְעַמּוֹ אֵל

2 עַל יַד נְבִיאוֹ נֶאֱמַן בֵּיתוֹ.

3 לֹא יַחֲלִיף הָאֵל וְלֹא יָמִיר דָּתוֹ

4 לְעוֹלָמִים לְזוּלָתוֹ.

5 צוֹפֶה וְיוֹדֵעַ סְתָרֵינוּ

6 מַבִּיט לְסוֹף דָּבָר בְּקַדְמָתוֹ.

7 גּוֹמֵל לְאִישׁ חֶסֶד כְּמִפְעָלוֹ

8 נוֹתֵן לְרָשָׁע רַע כְּרִשְׁעָתוֹ.

9 יִשְׁלַח לְקֵץ יָמִין מְשִׁיחֵנוּ

10 לִפְדּוֹת מְחַכֵּי קֵץ יְשׁוּעָתוֹ.

11 מֵתִים יְחַיֶּה אֵל בְּרֹב חַסְדּוֹ

12 בָּרוּךְ עֲדֵי עַד שֵׁם תְּהִלָּתוֹ.

בָּרוּךְ אַתָּה יהוה
אֱלֹהֵינוּ מֶלֶךְ הָעוֹלָם
אֲשֶׁר נָתַן לַשֶּׂכְוִי בִינָה
לְהַבְחִין בֵּין יוֹם וּבֵין לָיְלָה.

בָּרוּךְ אַתָּה יהוה
אֱלֹהֵינוּ מֶלֶךְ הָעוֹלָם
שֶׁלֹּא עָשַׂנִי גּוֹי.

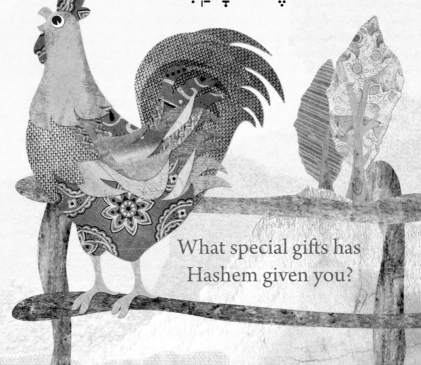

What special gifts has
Hashem given you?

בָּרוּךְ אַתָּה יהוה
אֱלֹהֵינוּ מֶלֶךְ הָעוֹלָם
שֶׁלֹּא עָשַׂנִי עָבֶד.

"Hashem gave
each of His creatures
special gifts."

Boys say

בָּרוּךְ אַתָּה יהוה
אֱלֹהֵינוּ מֶלֶךְ הָעוֹלָם
שֶׁלֹּא עָשַׂנִי אִשָּׁה.

Girls say

בָּרוּךְ אַתָּה יהוה
אֱלֹהֵינוּ מֶלֶךְ הָעוֹלָם
שֶׁעָשַׂנִי כִּרְצוֹנוֹ.

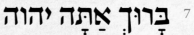

בָּרוּךְ אַתָּה יהוה
אֱלֹהֵינוּ מֶלֶךְ הָעוֹלָם
פּוֹקֵחַ עִוְרִים.

בָּרוּךְ אַתָּה יהוה
אֱלֹהֵינוּ מֶלֶךְ הָעוֹלָם
מַלְבִּישׁ עֲרֻמִּים.

בָּרוּךְ אַתָּה יהוה
אֱלֹהֵינוּ מֶלֶךְ הָעוֹלָם
מַתִּיר אֲסוּרִים.

Imagine seeing
sunlight for the
first time…

Do you have everything
you need in life?

בָּרוּךְ אַתָּה יהוה [1]
אֱלֹהֵינוּ מֶלֶךְ הָעוֹלָם [2]
זוֹקֵף כְּפוּפִים. [3]

בָּרוּךְ אַתָּה יהוה [4]
אֱלֹהֵינוּ מֶלֶךְ הָעוֹלָם [5]
רוֹקַע הָאָרֶץ עַל הַמָּיִם. [6]

בָּרוּךְ אַתָּה יהוה [7]
אֱלֹהֵינוּ מֶלֶךְ הָעוֹלָם [8]
שֶׁעָשָׂה לִי כָּל צָרְכִּי. [9]

Why does the Jewish people need strength?

"You should be strong like a lion when you get up in the morning to serve Hashem!"

בָּרוּךְ אַתָּה יהוה
אֱלֹהֵינוּ מֶלֶךְ הָעוֹלָם
הַמֵּכִין מִצְעֲדֵי גָבֶר.

בָּרוּךְ אַתָּה יהוה
אֱלֹהֵינוּ מֶלֶךְ הָעוֹלָם
אוֹזֵר יִשְׂרָאֵל בִּגְבוּרָה.

בָּרוּךְ אַתָּה יהוה
אֱלֹהֵינוּ מֶלֶךְ הָעוֹלָם
עוֹטֵר יִשְׂרָאֵל בְּתִפְאָרָה.

בָּרוּךְ אַתָּה יהוה
אֱלֹהֵינוּ מֶלֶךְ הָעוֹלָם
הַנּוֹתֵן לַיָּעֵף כֹּחַ.

Hold the front two צִיצִיּוֹת while saying this תְּפִלָּה
and kiss them once you have finished.

בָּרוּךְ שֶׁאָמַר ¹

² וְהָיָה הָעוֹלָם, בָּרוּךְ הוּא.

³ בָּרוּךְ עוֹשֶׂה בְרֵאשִׁית

⁴ בָּרוּךְ אוֹמֵר וְעוֹשֶׂה

⁵ בָּרוּךְ גּוֹזֵר וּמְקַיֵּם

⁶ בָּרוּךְ מְרַחֵם עַל הָאָרֶץ

⁷ בָּרוּךְ מְרַחֵם עַל הַבְּרִיּוֹת

⁸ בָּרוּךְ מְשַׁלֵּם שָׂכָר טוֹב לִירֵאָיו

⁹ בָּרוּךְ חַי לָעַד וְקַיָּם לָנֶצַח

Choose a friend or
family member and praise
them for something.
Now try it with Hashem.

1 בָּרוּךְ פּוֹדֶה וּמַצִּיל

2 בָּרוּךְ שְׁמוֹ

3 בָּרוּךְ אַתָּה יהוה אֱלֹהֵינוּ מֶלֶךְ הָעוֹלָם

4 הָאֵל הָאָב הָרַחֲמָן הַמְהֻלָּל בְּפִי עַמּוֹ

5 מְשֻׁבָּח וּמְפֹאָר בִּלְשׁוֹן חֲסִידָיו וַעֲבָדָיו

6 וּבְשִׁירֵי דָוִד עַבְדֶּךָ

7 נְהַלֶּלְךָ יהוה אֱלֹהֵינוּ.

8 בִּשְׁבָחוֹת וּבִזְמִירוֹת

9 נְגַדֶּלְךָ וּנְשַׁבֵּחֲךָ וּנְפָאֶרְךָ

10 וְנַזְכִּיר שִׁמְךָ וְנַמְלִיכְךָ

11 מַלְכֵּנוּ אֱלֹהֵינוּ, יָחִיד חֵי הָעוֹלָמִים

12 מֶלֶךְ, מְשֻׁבָּח וּמְפֹאָר עֲדֵי עַד שְׁמוֹ הַגָּדוֹל

13 בָּרוּךְ אַתָּה יהוה, מֶלֶךְ מְהֻלָּל בַּתִּשְׁבָּחוֹת.

What makes
you happy?

Where do all
the things in your life
that you need come from?

אַשְׁרֵי יוֹשְׁבֵי בֵיתֶךָ 1

עוֹד יְהַלְלוּךָ סֶּלָה: 2

אַשְׁרֵי הָעָם שֶׁכָּכָה לּוֹ 3

אַשְׁרֵי הָעָם שֶׁיהוה אֱלֹהָיו: 4

פּוֹתֵחַ אֶת־יָדֶךָ 5

וּמַשְׂבִּיעַ לְכָל־חַי רָצוֹן: 6

How do you feel
when you sing?

Does Hashem need us
to tell Him how great He is?
Why is it important
to praise Hashem?

יִשְׁתַּבַּח

שִׁמְךָ לָעַד, מַלְכֵּנוּ

הָאֵל הַמֶּלֶךְ הַגָּדוֹל וְהַקָּדוֹשׁ

בַּשָּׁמַיִם וּבָאָרֶץ

כִּי לְךָ נָאֶה, יהוה אֱלֹהֵינוּ וֵאלֹהֵי אֲבוֹתֵינוּ

שִׁיר וּשְׁבָחָה, הַלֵּל וְזִמְרָה

עֹז וּמֶמְשָׁלָה, נֶצַח, גְּדֻלָּה וּגְבוּרָה

תְּהִלָּה וְתִפְאֶרֶת, קְדֻשָּׁה וּמַלְכוּת

בְּרָכוֹת וְהוֹדָאוֹת, מֵעַתָּה וְעַד עוֹלָם.

בָּרוּךְ אַתָּה יהוה

אֵל מֶלֶךְ גָּדוֹל בַּתִּשְׁבָּחוֹת

אֵל הַהוֹדָאוֹת אֲדוֹן הַנִּפְלָאוֹת

הַבּוֹחֵר בְּשִׁירֵי זִמְרָה

מֶלֶךְ, אֵל, חֵי הָעוֹלָמִים.

Which direction are you facing now while you are praying? Why?

"The glory of Hashem can be felt in the rays of sunshine from the morning sun."

בָּרוּךְ אַתָּה יהוה

אֱלֹהֵינוּ מֶלֶךְ הָעוֹלָם

יוֹצֵר אוֹר וּבוֹרֵא חֹשֶׁךְ

עֹשֶׂה שָׁלוֹם וּבוֹרֵא אֶת הַכֹּל.

הַמֵּאִיר לָאָרֶץ וְלַדָּרִים עָלֶיהָ בְּרַחֲמִים

וּבְטוּבוֹ מְחַדֵּשׁ בְּכָל יוֹם תָּמִיד מַעֲשֵׂה בְרֵאשִׁית.

אוֹר חָדָשׁ עַל צִיּוֹן תָּאִיר

וְנִזְכֶּה כֻלָּנוּ מְהֵרָה לְאוֹרוֹ.

בָּרוּךְ אַתָּה יהוה

יוֹצֵר הַמְּאוֹרוֹת.

Whom do
you love?

"It is a mitzva to
love and respect
the wonderful and
awesome Hashem."

אַהֲבָה רַבָּה אֲהַבְתָּנוּ

יהוה אֱלֹהֵינוּ

חֶמְלָה גְדוֹלָה וִיתֵרָה חָמַלְתָּ עָלֵינוּ.

אָבִינוּ, הָאָב הָרַחֲמָן, הַמְרַחֵם

רַחֵם עָלֵינוּ

וְתֵן בְּלִבֵּנוּ לְהָבִין וּלְהַשְׂכִּיל

לִשְׁמֹעַ, לִלְמֹד וּלְלַמֵּד,

לִשְׁמֹר וְלַעֲשׂוֹת, וּלְקַיֵּם

אֶת כָּל דִּבְרֵי תַלְמוּד תּוֹרָתֶךָ בְּאַהֲבָה.

בָּרוּךְ אַתָּה יהוה

הַבּוֹחֵר בְּעַמּוֹ יִשְׂרָאֵל

בְּאַהֲבָה.

If you were asked to
make a very important
announcement, what would it be?

Look at the two letters that
are bigger than the rest. What
do they spell? How are we being
that when we say the שְׁמַע?

Cover your eyes with your right hand for the first sentence of the שְׁמַע. Line 4 is said in a whisper.

אֵל מֶלֶךְ נֶאֱמָן ‏1

שְׁמַע יִשְׂרָאֵל ‏2

יְהוָה אֱלֹהֵינוּ, יְהוָה ׀ אֶחָד: ‏3

בָּרוּךְ שֵׁם כְּבוֹד מַלְכוּתוֹ לְעוֹלָם וָעֶד. ‏4

וְאָהַבְתָּ אֵת יְהוָה אֱלֹהֶיךָ, בְּכָל־לְבָבְךָ, ‏5

וּבְכָל־נַפְשְׁךָ וּבְכָל־מְאֹדֶךָ: וְהָיוּ הַדְּבָרִים ‏6

הָאֵלֶּה, אֲשֶׁר אָנֹכִי מְצַוְּךָ הַיּוֹם, עַל־ ‏7

לְבָבֶךָ: וְשִׁנַּנְתָּם לְבָנֶיךָ וְדִבַּרְתָּ בָּם, ‏8

בְּשִׁבְתְּךָ בְּבֵיתֶךָ וּבְלֶכְתְּךָ בַדֶּרֶךְ, ‏9

וּבְשָׁכְבְּךָ וּבְקוּמֶךָ: וּקְשַׁרְתָּם לְאוֹת ‏10

עַל־יָדֶךָ וְהָיוּ לְטֹטָפֹת בֵּין עֵינֶיךָ: ‏11

וּכְתַבְתָּם עַל־מְזֻזוֹת בֵּיתֶךָ וּבִשְׁעָרֶיךָ: ‏12

וְהָיָ֗ה אִם־שָׁמֹ֤עַ תִּשְׁמְעוּ֙ אֶל־מִצְוֺתַ֔י
אֲשֶׁ֧ר אָנֹכִ֛י מְצַוֶּ֥ה אֶתְכֶ֖ם הַיּ֑וֹם, לְאַהֲבָ֞ה
אֶת־יְהוָ֤ה אֱלֹֽהֵיכֶם֙ וּלְעָבְד֔וֹ, בְּכָל־לְבַבְכֶ֖ם
וּבְכָל־נַפְשְׁכֶֽם׃ וְנָתַתִּ֧י מְטַֽר־אַרְצְכֶ֛ם
בְּעִתּ֖וֹ, יוֹרֶ֣ה וּמַלְק֑וֹשׁ, וְאָסַפְתָּ֣ דְגָנֶ֔ךָ
וְתִירֹשְׁךָ֖ וְיִצְהָרֶֽךָ׃ וְנָתַתִּ֛י עֵ֥שֶׂב בְּשָׂדְךָ֖

"Avraham was righteous, but that wasn't why he was chosen by Hashem. He was chosen because he was a teacher."

לִבְהֶמְתֶּךָ, וְאָכַלְתָּ וְשָׂבָעְתָּ: הִשָּׁמְרוּ לָכֶם פֶּן־יִפְתֶּה לְבַבְכֶם, וְסַרְתֶּם וַעֲבַדְתֶּם אֱלֹהִים אֲחֵרִים וְהִשְׁתַּחֲוִיתֶם לָהֶם: וְחָרָה אַף־יְהוָה בָּכֶם, וְעָצַר אֶת־הַשָּׁמַיִם וְלֹא־יִהְיֶה מָטָר, וְהָאֲדָמָה לֹא תִתֵּן אֶת־יְבוּלָהּ, וַאֲבַדְתֶּם מְהֵרָה מֵעַל הָאָרֶץ הַטֹּבָה אֲשֶׁר יְהוָה נֹתֵן לָכֶם: וְשַׂמְתֶּם אֶת־דְּבָרַי אֵלֶּה עַל־לְבַבְכֶם וְעַל־נַפְשְׁכֶם, וּקְשַׁרְתֶּם אֹתָם לְאוֹת עַל־יֶדְכֶם, וְהָיוּ לְטוֹטָפֹת בֵּין עֵינֵיכֶם: וְלִמַּדְתֶּם אֹתָם אֶת־בְּנֵיכֶם לְדַבֵּר בָּם, בְּשִׁבְתְּךָ בְּבֵיתֶךָ וּבְלֶכְתְּךָ בַדֶּרֶךְ, וּבְשָׁכְבְּךָ וּבְקוּמֶךָ: וּכְתַבְתָּם עַל־מְזוּזוֹת בֵּיתֶךָ וּבִשְׁעָרֶיךָ: לְמַעַן יִרְבּוּ יְמֵיכֶם וִימֵי בְנֵיכֶם עַל הָאֲדָמָה אֲשֶׁר נִשְׁבַּע יְהוָה לַאֲבֹתֵיכֶם לָתֵת לָהֶם, כִּימֵי הַשָּׁמַיִם עַל־הָאָרֶץ:

Why is remembering important?

What do you remember that is important to you?

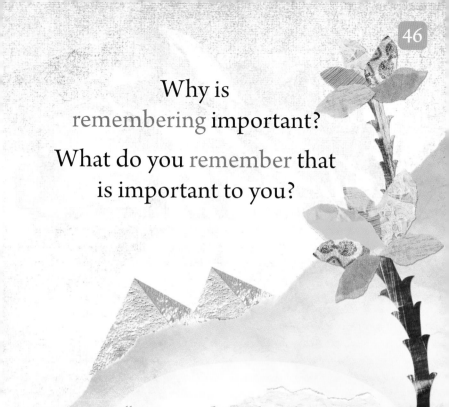

"Remember the day when you came out of the land of Egypt all the days of your life" (*Devarim* 16:3).

Kiss the צִיצִיּוֹת each time you say the word צִיצִת and then after the word אֱמֶת.

וַיֹּאמֶר יְהוָה אֶל־מֹשֶׁה לֵּאמֹר: דַּבֵּר אֶל־בְּנֵי
יִשְׂרָאֵל וְאָמַרְתָּ אֲלֵהֶם, וְעָשׂוּ לָהֶם צִיצִת
עַל־כַּנְפֵי בִגְדֵיהֶם לְדֹרֹתָם, וְנָתְנוּ עַל־
צִיצִת הַכָּנָף פְּתִיל תְּכֵלֶת: וְהָיָה לָכֶם
לְצִיצִת, וּרְאִיתֶם אֹתוֹ וּזְכַרְתֶּם אֶת־כָּל־
מִצְוֹת יְהוָה וַעֲשִׂיתֶם אֹתָם, וְלֹא תָתוּרוּ
אַחֲרֵי לְבַבְכֶם וְאַחֲרֵי עֵינֵיכֶם, אֲשֶׁר־אַתֶּם
זֹנִים אַחֲרֵיהֶם: לְמַעַן תִּזְכְּרוּ וַעֲשִׂיתֶם
אֶת־כָּל־מִצְוֹתָי, וִהְיִיתֶם קְדֹשִׁים
לֵאלֹהֵיכֶם: אֲנִי יְהוָה אֱלֹהֵיכֶם, אֲשֶׁר
הוֹצֵאתִי אֶתְכֶם מֵאֶרֶץ מִצְרַיִם, לִהְיוֹת
לָכֶם לֵאלֹהִים, אֲנִי יְהוָה אֱלֹהֵיכֶם:

אֱמֶת

What words
would you use to
describe Hashem?

"And if Hashem had not
brought our fathers out of Egypt,
then we would still be slaves to
Pharaoh in Egypt today."

וְיַצִּיב, וְנָכוֹן וְקַיָּם

וְיָשָׁר וְנֶאֱמָן

וְאָהוּב וְחָבִיב, וְנֶחְמָד וְנָעִים

וְנוֹרָא וְאַדִּיר

וּמְתֻקָּן וּמְקֻבָּל, וְטוֹב וְיָפֶה

הַדָּבָר הַזֶּה עָלֵינוּ לְעוֹלָם וָעֶד.

בָּרוּךְ אַתָּה יהוה

גָּאַל יִשְׂרָאֵל.

The עֲמִידָה (pages 50–63) is said standing with feet together. Before you begin, take three steps forward to mentally prepare to stand before Hashem.

1 אֲדֹנָי, שְׂפָתַי תִּפְתָּח, וּפִי יַגִּיד תְּהִלָּתֶךָ:

2 בָּרוּךְ אַתָּה יהוה

3 אֱלֹהֵינוּ וֵאלֹהֵי אֲבוֹתֵינוּ

4 אֱלֹהֵי אַבְרָהָם, אֱלֹהֵי יִצְחָק

5 וֵאלֹהֵי יַעֲקֹב

6 הָאֵל הַגָּדוֹל הַגִּבּוֹר וְהַנּוֹרָא, אֵל עֶלְיוֹן

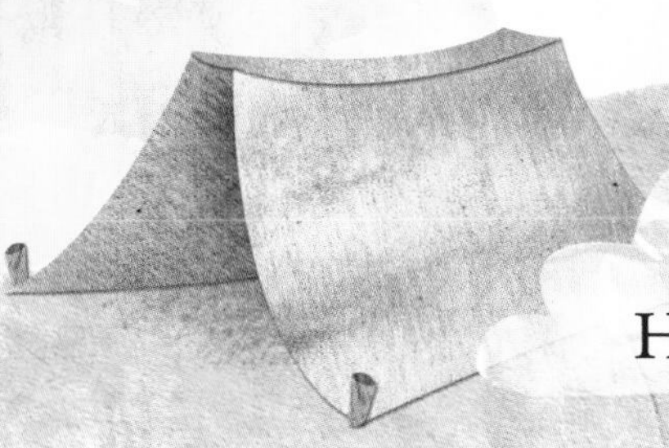

Why do we need
Hashem's help to pray?

1 גּוֹמֵל חֲסָדִים טוֹבִים, וְקוֹנֵה הַכֹּל

2 וְזוֹכֵר חַסְדֵי אָבוֹת

3 וּמֵבִיא גוֹאֵל לִבְנֵי בְנֵיהֶם

4 לְמַעַן שְׁמוֹ בְּאַהֲבָה

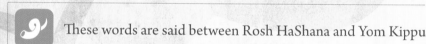

These words are said between Rosh HaShana and Yom Kippu

זָכְרֵנוּ לְחַיִּים, מֶלֶךְ חָפֵץ בַּחַיִּים

וְכָתְבֵנוּ בְּסֵפֶר הַחַיִּים, לְמַעַנְךָ אֱלֹהִים חַיִּים.

5 מֶלֶךְ עוֹזֵר וּמוֹשִׁיעַ וּמָגֵן.

6 בָּרוּךְ אַתָּה יהוה

7 מָגֵן אַבְרָהָם.

How can you make sure you stay healthy?

"Our prayers are in the plural, because our prayers are not just for us here and now but for all the Jewish people... But we can say personal prayers, for example, for a sick relative, in this בְּרָכָה."

רְפָאֵנוּ יהוה וְנֵרָפֵא 1

הוֹשִׁיעֵנוּ וְנִוָּשֵׁעָה 2

כִּי תְהִלָּתֵנוּ אָתָּה 3

וְהַעֲלֵה רְפוּאָה שְׁלֵמָה לְכָל מַכּוֹתֵינוּ 4

This בְּרָכָה asks for all people that are unwell to get better. Do you know someone who is sick? Add their name in this תְּפִלָה.

יְהִי רָצוֹן מִלְפָנֶיךָ יהוה אֱלֹהַי וֵאלֹהֵי אֲבוֹתַי
שֶׁתִּשְׁלַח מְהֵרָה רְפוּאָה שְׁלֵמָה מִן הַשָׁמַיִם
רְפוּאַת הַנֶּפֶשׁ וּרְפוּאַת הַגוּף
לַחוֹלֶה/לַחוֹלָה (name)
בֶּן/בַּת (name of their mother)
בְּתוֹךְ שְׁאָר חוֹלֵי יִשְׂרָאֵל

כִּי אֵל מֶלֶךְ רוֹפֵא נֶאֱמָן וְרַחֲמָן אָתָּה. 5

בָּרוּךְ אַתָּה יהוה 6

רוֹפֵא חוֹלֵי עַמּוֹ יִשְׂרָאֵל. 7

We ask Hashem to "listen" to our prayers rather than "answer" them. When is listening better than talking?

This בְּרָכָה is your chance to ask Hashem for anything you wish. What would you like to ask for today?

1 שְׁמַע קוֹלֵנוּ יהוה אֱלֹהֵינוּ

2 חוּס וְרַחֵם עָלֵינוּ

3 וְקַבֵּל בְּרַחֲמִים וּבְרָצוֹן אֶת תְּפִלָּתֵנוּ

4 כִּי אֵל שׁוֹמֵעַ תְּפִלּוֹת וְתַחֲנוּנִים אָתָּה

5 וּמִלְּפָנֶיךָ מַלְכֵּנוּ רֵיקָם אַל תְּשִׁיבֵנוּ

6 כִּי אַתָּה שׁוֹמֵעַ תְּפִלַּת עַמְּךָ יִשְׂרָאֵל

7 בְּרַחֲמִים.

8 בָּרוּךְ אַתָּה יהוה, שׁוֹמֵעַ תְּפִלָּה.

Why do people bow?
How do you feel when you bow?

What would you
like to thank
Hashem for today?

When you say the word מוֹדִים, bow forward.

1 מוֹדִים אֲנַחְנוּ לָךְ

2 שָׁאַתָּה הוּא יהוה אֱלֹהֵינוּ

3 וֵאלֹהֵי אֲבוֹתֵינוּ לְעוֹלָם וָעֶד.

4 צוּר חַיֵּינוּ, מָגֵן יִשְׁעֵנוּ

5 אַתָּה הוּא לְדוֹר וָדוֹר.

6 נוֹדֶה לְךָ וּנְסַפֵּר תְּהִלָּתֶךָ

7 עַל חַיֵּינוּ הַמְּסוּרִים בְּיָדֶךָ

8 וְעַל נִשְׁמוֹתֵינוּ הַפְּקוּדוֹת לָךְ

9 וְעַל נִסֶּיךָ שֶׁבְּכָל יוֹם עִמָּנוּ

10 וְעַל נִפְלְאוֹתֶיךָ וְטוֹבוֹתֶיךָ

11 שֶׁבְּכָל עֵת, עֶרֶב וָבֹקֶר וְצָהֳרִים.

12 הַטּוֹב, כִּי לֹא כָלוּ רַחֲמֶיךָ

13 וְהַמְרַחֵם, כִּי לֹא תַמּוּ חֲסָדֶיךָ

14 מֵעוֹלָם קִוִּינוּ לָךְ.

How does Hashem
make miracles in your life?

Why do you think
Hashem is called
"The Good"?

These words are said on Ḥanukka and Purim.

עַל הַנִּסִּים וְעַל הַפֻּרְקָן וְעַל הַגְּבוּרוֹת
וְעַל הַתְּשׁוּעוֹת וְעַל הַמִּלְחָמוֹת
שֶׁעָשִׂיתָ לַאֲבוֹתֵינוּ בַּיָּמִים הָהֵם בַּזְּמַן הַזֶּה.

וְעַל כֻּלָּם יִתְבָּרַךְ וְיִתְרוֹמַם שִׁמְךָ מַלְכֵּנוּ
תָּמִיד לְעוֹלָם וָעֶד.

These words are said between Rosh HaShana and Yom Kippur

וּכְתֹב לְחַיִּים טוֹבִים כָּל בְּנֵי בְרִיתֶךָ.

3 וְכֹל הַחַיִּים יוֹדְוּךָ סֶּלָה
4 וִיהַלְלוּ אֶת שִׁמְךָ בֶּאֱמֶת
5 הָאֵל יְשׁוּעָתֵנוּ וְעֶזְרָתֵנוּ סֶלָה.

6 בָּרוּךְ אַתָּה יהוה
7 הַטּוֹב שִׁמְךָ וּלְךָ נָאֶה לְהוֹדוֹת.

> "The Torah's ways
> are pleasant and all its paths
> lead to peace."

1 שִׂים שָׁלוֹם טוֹבָה וּבְרָכָה

2 חֵן וָחֶסֶד וְרַחֲמִים

3 עָלֵינוּ וְעַל כָּל יִשְׂרָאֵל עַמֶּךָ.

4 בָּרְכֵנוּ אָבִינוּ כֻּלָּנוּ כְּאֶחָד בְּאוֹר פָּנֶיךָ

5 כִּי בְאוֹר פָּנֶיךָ נָתַתָּ לָנוּ יהוה אֱלֹהֵינוּ

6 תּוֹרַת חַיִּים וְאַהֲבַת חֶסֶד

7 וּצְדָקָה וּבְרָכָה וְרַחֲמִים וְחַיִּים וְשָׁלוֹם.

8 וְטוֹב בְּעֵינֶיךָ לְבָרֵךְ אֶת עַמְּךָ יִשְׂרָאֵל

9 בְּכָל עֵת וּבְכָל שָׁעָה בִּשְׁלוֹמֶךָ.

 These words are said between Rosh HaShana and Yom Kippur.

בְּסֵפֶר חַיִּים, בְּרָכָה וְשָׁלוֹם, וּפַרְנָסָה טוֹבָה, נִזָּכֵר וְנִכָּתֵב לְפָנֶיךָ,
אֲנַחְנוּ וְכָל עַמְּךָ בֵּית יִשְׂרָאֵל, לְחַיִּים טוֹבִים וּלְשָׁלוֹם.

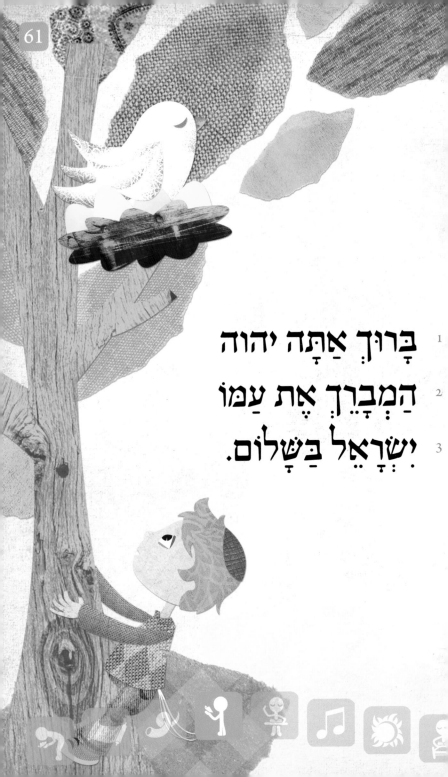

בָּרוּךְ אַתָּה יהוה
הַמְבָרֵךְ אֶת עַמּוֹ
יִשְׂרָאֵל בַּשָּׁלוֹם.

How will you be a
partner with Hashem to make
peace in the world?

"Hillel says: Be among the students
of Aaron, loving peace and chasing
peace, loving people, and bringing
them closer to the Torah."

Before we finish praying in front of Hashem, we bow to show respect, then take three steps backwards, slowly leaving Hashem's presence.

Bow toward the left as you say the following words:

עֹשֶׂה שָׁלוֹם בִּמְרוֹמָיו 1

Bow toward the right as you say the following words:

הוּא יַעֲשֶׂה שָׁלוֹם 2

Bow forward as you say the following words:

עָלֵינוּ וְעַל כָּל יִשְׂרָאֵל 3

וְאִמְרוּ אָמֵן. 4

In what ways is Hashem like a parent?

It once happened that
no rain had fallen.
Rabbi Akiva prayed
with the words:
"Our Father, our King,
we have no King but You,"
and the rains then fell.

This תְּפִלָּה is said on fast days and between Rosh HaShana and Yom Kippur.

1. אָבִינוּ מַלְכֵּנוּ, חָנֵּנוּ וַעֲנֵנוּ

2. כִּי אֵין בָּנוּ מַעֲשִׂים

3. עֲשֵׂה עִמָּנוּ צְדָקָה וָחֶסֶד

4. וְהוֹשִׁיעֵנוּ.

Why do you think we
read from the Torah when we
are together in the בֵּית כְּנֶסֶת?

"Jerusalem will become
a torch for the nations
of the world who will
walk by its light."

These verses are said on days when the סֵפֶר תּוֹרָה is taken from the אֲרוֹן קֹדֶשׁ and read.

1 וַיְהִי בִּנְסֹעַ הָאָרֹן וַיֹּאמֶר מֹשֶׁה

2 קוּמָה יהוה וְיָפֻצוּ אֹיְבֶיךָ וְיָנֻסוּ

3 מְשַׂנְאֶיךָ מִפָּנֶיךָ: כִּי מִצִּיּוֹן תֵּצֵא

4 תוֹרָה וּדְבַר־יהוה מִירוּשָׁלָםִ:

5 בָּרוּךְ שֶׁנָּתַן תּוֹרָה לְעַמּוֹ יִשְׂרָאֵל

6 בִּקְדֻשָׁתוֹ.

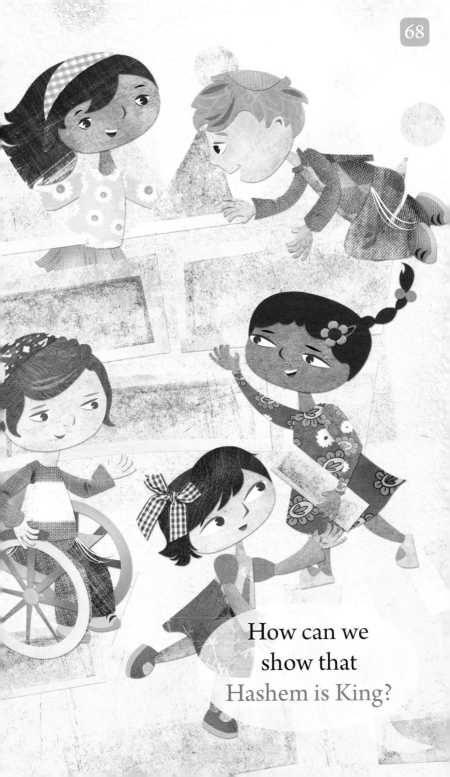

How can we
show that
Hashem is King?

עָלֵינוּ לְשַׁבֵּחַ לַאֲדוֹן הַכֹּל

לָתֵת גְּדֻלָּה לְיוֹצֵר בְּרֵאשִׁית

כַּכָּתוּב בְּתוֹרָתֶךָ

יהוה יִמְלֹךְ לְעֹלָם וָעֶד:

וְנֶאֱמַר

וְהָיָה יהוה לְמֶלֶךְ

עַל־כָּל־הָאָרֶץ

בַּיּוֹם הַהוּא יִהְיֶה יהוה

אֶחָד וּשְׁמוֹ אֶחָד:

"One day Hashem
will be accepted as King
over the entire world."

Shabbat candles give light and warmth to our homes. What will you give this Shabbat?

On Friday night we say this בְּרָכָה after we light the Shabbat candles.

1 בָּרוּךְ אַתָּה יהוה

2 אֱלֹהֵינוּ מֶלֶךְ הָעוֹלָם

3 אֲשֶׁר קִדְּשָׁנוּ בְּמִצְוֹתָיו וְצִוָּנוּ

4 לְהַדְלִיק נֵר שֶׁל שַׁבָּת.

The candles show that Shabbat is special. How will you show that Shabbat is special?

This special song is sung on Friday night to begin Shabbat.

1. לְכָה דוֹדִי לִקְרַאת כַּלָּה, פְּנֵי שַׁבָּת נְקַבְּלָה.

2. לְכָה דוֹדִי לִקְרַאת כַּלָּה, פְּנֵי שַׁבָּת נְקַבְּלָה.

3. שָׁמוֹר וְזָכוֹר בְּדִבּוּר אֶחָד

4. הִשְׁמִיעָנוּ אֵל הַמְיֻחָד

5. יְהוה אֶחָד וּשְׁמוֹ אֶחָד

6. לְשֵׁם וּלְתִפְאֶרֶת וְלִתְהִלָּה.

7. לְכָה דוֹדִי לִקְרַאת כַּלָּה, פְּנֵי שַׁבָּת נְקַבְּלָה.

8. לִקְרַאת שַׁבָּת לְכוּ וְנֵלְכָה

9. כִּי הִיא מְקוֹר הַבְּרָכָה

10. מֵרֹאשׁ מִקֶּדֶם נְסוּכָה

11. סוֹף מַעֲשֶׂה בְּמַחֲשָׁבָה תְּחִלָּה.

12. לְכָה דוֹדִי לִקְרַאת כַּלָּה, פְּנֵי שַׁבָּת נְקַבְּלָה.

he Rabbis of Tzefat would sing
לְכָה דו as they went out into the
fields as the sun was setting,
to welcome the Shabbat Bride.

מִקְדַּשׁ מֶלֶךְ עִיר מְלוּכָה
קוּמִי צְאִי מִתּוֹךְ הַהֲפֵכָה
רַב לָךְ שֶׁבֶת בְּעֵמֶק הַבָּכָא
וְהוּא יַחֲמֹל עָלַיִךְ חֶמְלָה.
לְכָה דוֹדִי לִקְרַאת כַּלָּה, פְּנֵי שַׁבָּת נְקַבְּלָה.

הִתְנַעֲרִי, מֵעָפָר קוּמִי
לִבְשִׁי בִּגְדֵי תִפְאַרְתֵּךְ עַמִּי
עַל יַד בֶּן יִשַׁי בֵּית הַלַּחְמִי
קָרְבָה אֶל נַפְשִׁי, גְּאָלָהּ.
לְכָה דוֹדִי לִקְרַאת כַּלָּה, פְּנֵי שַׁבָּת נְקַבְּלָה.

הִתְעוֹרְרִי הִתְעוֹרְרִי
כִּי בָא אוֹרֵךְ קוּמִי אוֹרִי
עוּרִי עוּרִי, שִׁיר דַּבֵּרִי
כְּבוֹד יהוה עָלַיִךְ נִגְלָה.
לְכָה דוֹדִי לִקְרַאת כַּלָּה, פְּנֵי שַׁבָּת נְקַבְּלָה.

לֹא תֵבֹשִׁי וְלֹא תִכָּלְמִי ₁

מַה תִּשְׁתּוֹחֲחִי וּמַה תֶּהֱמִי ₂

בָּךְ יֶחֱסוּ עֲנִיֵּי עַמִּי ₃

וְנִבְנְתָה עִיר עַל תִּלָּהּ. ₄

לְכָה דוֹדִי לִקְרַאת כַּלָּה, פְּנֵי שַׁבָּת נְקַבְּלָה. ₅

Have you ever
seen a beautiful sunset?
What do you think of when
you see beauty in nature?

וְהָיוּ לִמְשִׁסָּה שֹׁאסָיִךְ 1

וְרָחֲקוּ כָּל מְבַלְּעָיִךְ 2

יָשִׂישׂ עָלַיִךְ אֱלֹהָיִךְ 3

כִּמְשׂוֹשׂ חָתָן עַל כַּלָּה. 4

לְכָה דוֹדִי לִקְרַאת כַּלָּה, פְּנֵי שַׁבָּת נְקַבְּלָה. 5

יָמִין וּשְׂמֹאל תִּפְרֹצִי 6

וְאֶת יהוה תַּעֲרִיצִי 7

עַל יַד אִישׁ בֶּן פַּרְצִי 8

וְנִשְׂמְחָה וְנָגִילָה. 9

לְכָה דוֹדִי לִקְרַאת כַּלָּה, פְּנֵי שַׁבָּת נְקַבְּלָה. 10

At this point we turn to face the back of the בֵּית כְּנֶסֶת as we welcome the bride – Shabbat. Bow to greet her at the words בּוֹאִי כַלָּה and then turn to face forward.

בּוֹאִי בְשָׁלוֹם עֲטֶרֶת בַּעְלָהּ 11

גַּם בְּשִׂמְחָה וּבְצָהֳלָה 12

תּוֹךְ אֱמוּנֵי עַם סְגֻלָּה 13

בּוֹאִי כַלָּה, בּוֹאִי כַלָּה. 14

לְכָה דוֹדִי לִקְרַאת כַּלָּה, פְּנֵי שַׁבָּת נְקַבְּלָה. 15

מִזְמוֹר שִׁיר לְיוֹם הַשַּׁבָּת: ¹

טוֹב לְהֹדוֹת לַיהוה ²

וּלְזַמֵּר לְשִׁמְךָ עֶלְיוֹן: ³

לְהַגִּיד בַּבֹּקֶר חַסְדֶּךָ ⁴

וֶאֱמוּנָתְךָ בַּלֵּילוֹת: ⁵

"Dancing for a מִצְוָה is when you celebrate Hashem and the Jewish people so much that it causes happiness that goes straight to your feet!"

וְשָׁמְרוּ בְנֵי־יִשְׂרָאֵל אֶת־הַשַּׁבָּת ¹

לַעֲשׂוֹת אֶת־הַשַּׁבָּת ²

לְדֹרֹתָם בְּרִית עוֹלָם: ³

בֵּינִי וּבֵין בְּנֵי יִשְׂרָאֵל ⁴

אוֹת הִוא לְעֹלָם ⁵

כִּי־שֵׁשֶׁת יָמִים עָשָׂה יהוה ⁶

אֶת־הַשָּׁמַיִם וְאֶת־הָאָרֶץ ⁷

וּבַיּוֹם הַשְּׁבִיעִי שָׁבַת וַיִּנָּפַשׁ: ⁸

When we keep Shabbat
we are making a sign.
What do you think the sign says?

This special song is said when we come home from the בֵּית כְּנֶסֶת on Friday night, to welcome and say farewell to the two angels that the Rabbis tell us accompany us on the way home.

1 שָׁלוֹם עֲלֵיכֶם

2 מַלְאֲכֵי הַשָּׁרֵת, מַלְאֲכֵי עֶלְיוֹן

3 מִמֶּלֶךְ מַלְכֵי הַמְּלָכִים

4 הַקָּדוֹשׁ בָּרוּךְ הוּא.

5 בּוֹאֲכֶם לְשָׁלוֹם

6 מַלְאֲכֵי הַשָּׁלוֹם, מַלְאֲכֵי עֶלְיוֹן

7 מִמֶּלֶךְ מַלְכֵי הַמְּלָכִים

8 הַקָּדוֹשׁ בָּרוּךְ הוּא.

Close your eyes. Imagine the most peaceful picture you can. How can you make your Shabbat like this?

בָּרְכוּנִי לְשָׁלוֹם 1

מַלְאֲכֵי הַשָּׁלוֹם, מַלְאֲכֵי עֶלְיוֹן 2

מִמֶּלֶךְ מַלְכֵי הַמְּלָכִים 3

הַקָּדוֹשׁ בָּרוּךְ הוּא. 4

צֵאתְכֶם לְשָׁלוֹם 5

מַלְאֲכֵי הַשָּׁלוֹם, מַלְאֲכֵי עֶלְיוֹן 6

מִמֶּלֶךְ מַלְכֵי הַמְּלָכִים 7

הַקָּדוֹשׁ בָּרוּךְ הוּא. 8

What did you create this week?

What do you like to do on Shabbat?

These פְּסוּקִים (lines 3–8) from the Torah are said in the עֲמִידָה as well as in קִדּוּשׁ on Friday night.

וַיְהִי־עֶרֶב וַיְהִי־בֹקֶר

יוֹם הַשִּׁשִּׁי:

וַיְכֻלּוּ הַשָּׁמַיִם וְהָאָרֶץ וְכָל־צְבָאָם:

וַיְכַל אֱלֹהִים בַּיּוֹם הַשְּׁבִיעִי

מְלַאכְתּוֹ אֲשֶׁר עָשָׂה

וַיִּשְׁבֹּת בַּיּוֹם הַשְּׁבִיעִי

מִכָּל־מְלַאכְתּוֹ אֲשֶׁר עָשָׂה:

וַיְבָרֶךְ אֱלֹהִים אֶת־יוֹם הַשְּׁבִיעִי

וַיְקַדֵּשׁ אֹתוֹ

כִּי בוֹ שָׁבַת מִכָּל־מְלַאכְתּוֹ

אֲשֶׁר־בָּרָא אֱלֹהִים, לַעֲשׂוֹת:

בָּרוּךְ אַתָּה יהוה

אֱלֹהֵינוּ מֶלֶךְ הָעוֹלָם בּוֹרֵא פְּרִי הַגָּפֶן.

Imagine the first Shabbat
after Hashem finished
creating the world ...

Imagine the first
Shabbat after Hashem
took us out of Egypt ...

בָּרוּךְ אַתָּה יהוה אֱלֹהֵינוּ מֶלֶךְ הָעוֹלָם

אֲשֶׁר קִדְּשָׁנוּ בְּמִצְוֹתָיו וְרָצָה בָנוּ

וְשַׁבַּת קָדְשׁוֹ בְּאַהֲבָה וּבְרָצוֹן הִנְחִילָנוּ

זִכָּרוֹן לְמַעֲשֵׂה בְרֵאשִׁית

כִּי הוּא יוֹם תְּחִלָּה לְמִקְרָאֵי קֹדֶשׁ

זֵכֶר לִיצִיאַת מִצְרָיִם

כִּי בָנוּ בָחַרְתָּ וְאוֹתָנוּ קִדַּשְׁתָּ

מִכָּל הָעַמִּים

וְשַׁבַּת קָדְשְׁךָ בְּאַהֲבָה וּבְרָצוֹן

הִנְחַלְתָּנוּ.

בָּרוּךְ אַתָּה יהוה, מְקַדֵּשׁ הַשַּׁבָּת.

This special song is sung on Shabbat morning.

1 אֵל אָדוֹן עַל כָּל הַמַּעֲשִׂים

2 בָּרוּךְ וּמְבֹרָךְ בְּפִי כָּל נְשָׁמָה

3 גָּדְלוֹ וְטוּבוֹ מָלֵא עוֹלָם

4 דַּעַת וּתְבוּנָה סוֹבְבִים אוֹתוֹ.

5 הַמִּתְגָּאֶה עַל חַיּוֹת הַקֹּדֶשׁ

6 וְנֶהְדָּר בְּכָבוֹד עַל הַמֶּרְכָּבָה

7 זְכוּת וּמִישׁוֹר לִפְנֵי כִסְאוֹ

8 חֶסֶד וְרַחֲמִים לִפְנֵי כְבוֹדוֹ.

9 טוֹבִים מְאוֹרוֹת שֶׁבָּרָא אֱלֹהֵינוּ

10 יְצָרָם בְּדַעַת בְּבִינָה וּבְהַשְׂכֵּל

11 כֹּחַ וּגְבוּרָה נָתַן בָּהֶם

12 לִהְיוֹת מוֹשְׁלִים בְּקֶרֶב תֵּבֵל.

מְלֵאִים זִיו וּמְפִיקִים נֹגַהּ 1

נָאֶה זִיוָם בְּכָל הָעוֹלָם 2

שְׂמֵחִים בְּצֵאתָם וְשָׂשִׂים בְּבוֹאָם 3

עוֹשִׂים בְּאֵימָה רְצוֹן קוֹנָם. 4

פְּאֵר וְכָבוֹד נוֹתְנִים לִשְׁמוֹ 5

צָהֳלָה וְרִנָּה לְזֵכֶר מַלְכוּתוֹ 6

קָרָא לַשֶּׁמֶשׁ וַיִּזְרַח אוֹר 7

רָאָה וְהִתְקִין צוּרַת הַלְּבָנָה. 8

שֶׁבַח נוֹתְנִים לוֹ כָּל צְבָא מָרוֹם 9

תִּפְאֶרֶת וּגְדֻלָּה, שְׂרָפִים וְאוֹפַנִּים 10

וְחַיּוֹת הַקֹּדֶשׁ. 11

This is said in the עֲמִידָה for שַׁחֲרִית on Shabbat. Some of the עֲמִידָה that is said on both weekdays and Shabbat can be found on pages 50–51 and 56–63.

יִשְׂמַח מֹשֶׁה בְּמַתְּנַת חֶלְקוֹ
כִּי עֶבֶד נֶאֱמָן קָרָאתָ לּוֹ
כְּלִיל תִּפְאֶרֶת בְּרֹאשׁוֹ נָתַתָּ לּוֹ
בְּעָמְדוֹ לְפָנֶיךָ עַל הַר סִינַי
וּשְׁנֵי לוּחוֹת אֲבָנִים הוֹרִיד בְּיָדוֹ
וְכָתוּב בָּהֶם שְׁמִירַת שַׁבָּת
וְכֵן כָּתוּב בְּתוֹרָתֶךָ

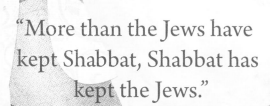

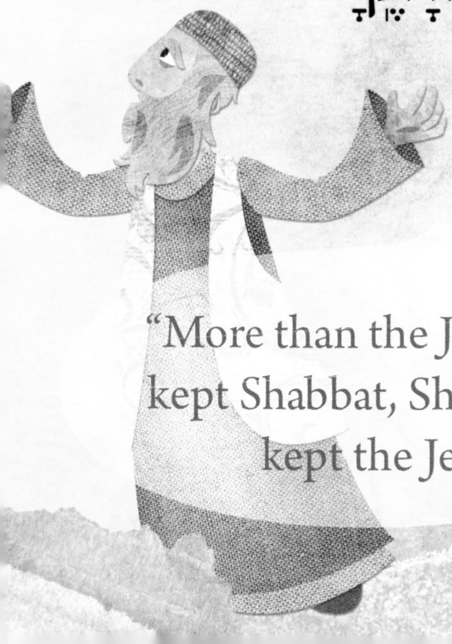

"More than the Jews have kept Shabbat, Shabbat has kept the Jews."

וְשָׁמְרוּ בְנֵי־יִשְׂרָאֵל אֶת־הַשַּׁבָּת
לַעֲשׂוֹת אֶת־הַשַּׁבָּת
לְדֹרֹתָם בְּרִית עוֹלָם:
בֵּינִי וּבֵין בְּנֵי יִשְׂרָאֵל
אוֹת הִוא לְעֹלָם
כִּי־שֵׁשֶׁת יָמִים עָשָׂה יהוה
אֶת־הַשָּׁמַיִם וְאֶת־הָאָרֶץ
וּבַיּוֹם הַשְּׁבִיעִי שָׁבַת וַיִּנָּפַשׁ:

This is said when the סֵפֶר תּוֹרָה is removed from the אֲרוֹן קֹדֶשׁ and read.

1 אֵין־כָּמוֹךָ בָאֱלֹהִים, אֲדֹנָי

2 וְאֵין כְּמַעֲשֶׂיךָ:

3 מַלְכוּתְךָ מַלְכוּת כָּל־עֹלָמִים

4 וּמֶמְשַׁלְתְּךָ בְּכָל־דּוֹר וָדֹר:

5 יהוה מֶלֶךְ, יהוה מָלָךְ

6 יהוה יִמְלֹךְ לְעֹלָם וָעֶד.

7 יהוה עֹז לְעַמּוֹ יִתֵּן

8 יהוה יְבָרֵךְ אֶת־עַמּוֹ בַשָּׁלוֹם:

9 אַב הָרַחֲמִים, הֵיטִיבָה בִרְצוֹנְךָ

10 אֶת־צִיּוֹן תִּבְנֶה חוֹמוֹת יְרוּשָׁלָיִם:

11 כִּי בְךָ לְבַד בָּטָחְנוּ, מֶלֶךְ אֵל רָם

12 וְנִשָּׂא, אֲדוֹן עוֹלָמִים.

וַיְהִי בִּנְסֹעַ הָאָרֹן וַיֹּאמֶר מֹשֶׁה
קוּמָה יהוה וְיָפֻצוּ אֹיְבֶיךָ וְיָנֻסוּ
מְשַׂנְאֶיךָ מִפָּנֶיךָ:
כִּי מִצִּיּוֹן תֵּצֵא תוֹרָה
וּדְבַר־יהוה מִירוּשָׁלָֽםִ:
בָּרוּךְ שֶׁנָּתַן תּוֹרָה לְעַמּוֹ יִשְׂרָאֵל
בִּקְדֻשָּׁתוֹ.

“Gather together the people,
the men, women and children,
so they will listen and learn.”

This is said in the עֲמִידָה for מוּסָף on Shabbat.
Some of the עֲמִידָה that is said on both weekdays and
Shabbat can be found on pages 50–51 and 56–63.

1 וּבְיוֹם הַשַּׁבָּת שְׁנֵי־כְבָשִׂים

2 בְּנֵי־שָׁנָה תְּמִימִם

3 וּשְׁנֵי עֶשְׂרֹנִים סֹלֶת מִנְחָה

4 בְּלוּלָה בַשֶּׁמֶן וְנִסְכּוֹ:

5 עֹלַת שַׁבַּת בְּשַׁבַּתּוֹ

6 עַל־עֹלַת הַתָּמִיד וְנִסְכָּהּ:

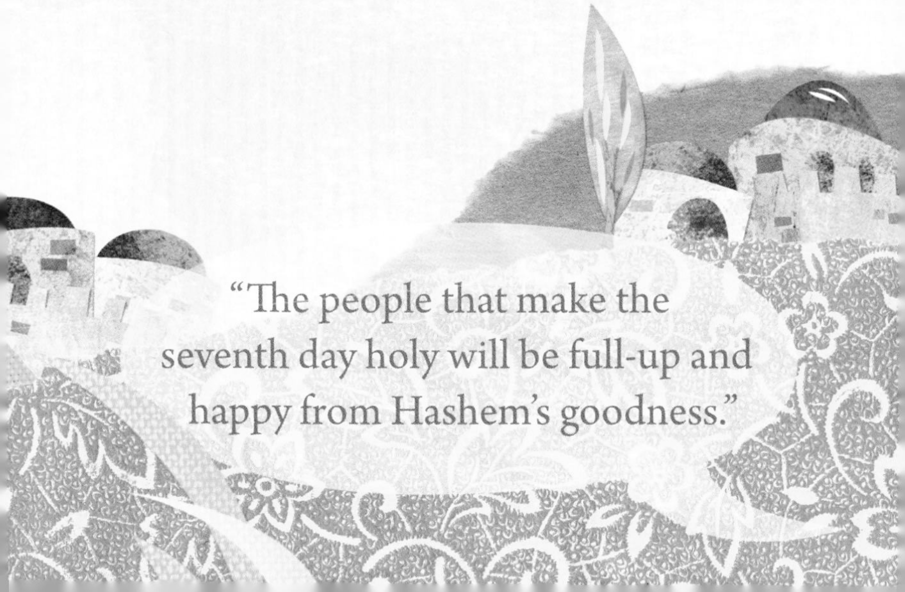

"The people that make the
seventh day holy will be full-up and
happy from Hashem's goodness."

יִשְׂמְחוּ בְמַלְכוּתְךָ שׁוֹמְרֵי

שַׁבָּת וְקוֹרְאֵי עֹנֶג

עַם מְקַדְּשֵׁי שְׁבִיעִי

כֻּלָּם יִשְׂבְּעוּ וְיִתְעַנְּגוּ מִטּוּבֶךָ

וּבַשְּׁבִיעִי רָצִיתָ בּוֹ וְקִדַּשְׁתּוֹ

חֶמְדַּת יָמִים אוֹתוֹ קָרָאתָ

זֵכֶר לְמַעֲשֵׂה בְרֵאשִׁית.

In the time when we had a Temple,
מוּסָף was when we gave Hashem extra
animals as a gift. What gift could you
give Hashem today?

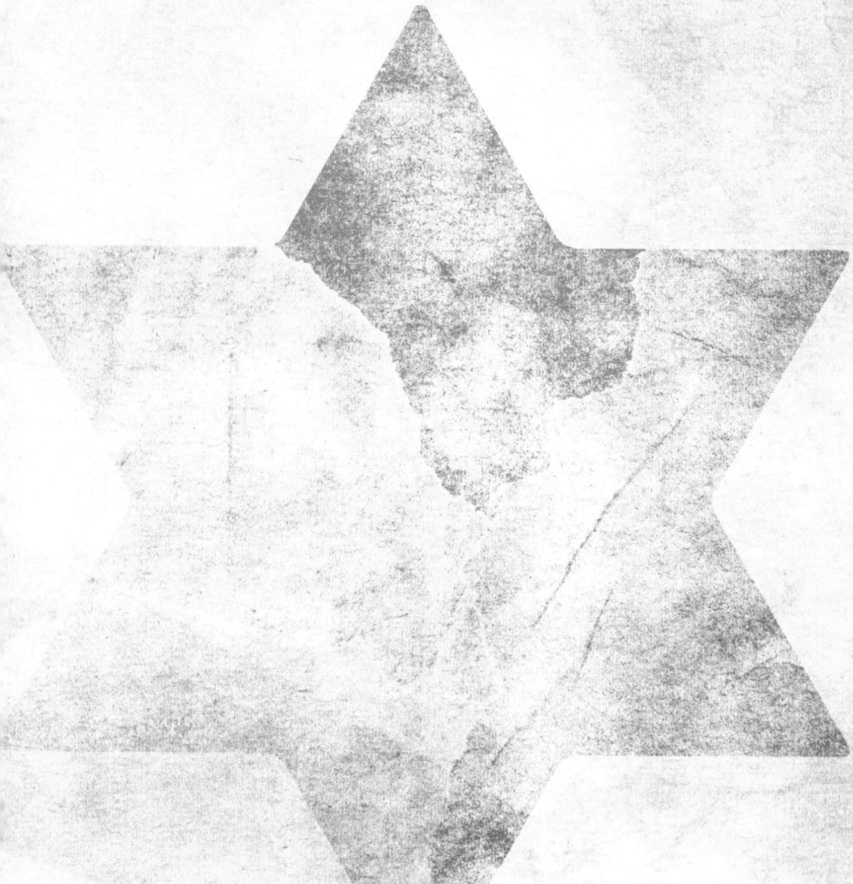

93

This special תְּפִלָּה is said to ask Hashem to protect the State of Israel.

1 אָבִינוּ שֶׁבַּשָּׁמַיִם

2 צוּר יִשְׂרָאֵל וְגוֹאֲלוֹ

3 בָּרֵךְ אֶת מְדִינַת יִשְׂרָאֵל

4 רֵאשִׁית צְמִיחַת גְּאֻלָּתֵנוּ.

5 הָגֵן עָלֶיהָ בְּאֶבְרַת חַסְדֶּךָ

6 וּפְרֹשׂ עָלֶיהָ סֻכַּת שְׁלוֹמֶךָ

7 וּשְׁלַח אוֹרְךָ וַאֲמִתְּךָ לְרָאשֶׁיהָ

8 שָׂרֶיהָ וְיוֹעֲצֶיהָ

9 וְתַקְּנֵם בְּעֵצָה טוֹבָה מִלְּפָנֶיךָ.

This special בְּרָכָה and the first paragraph of the שְׁמַע is said before you fall asleep at night.

1 בָּרוּךְ אַתָּה יהוה אֱלֹהֵינוּ מֶלֶךְ הָעוֹלָם, הַמַּפִּיל

2 חֶבְלֵי שֵׁנָה עַל עֵינַי וּתְנוּמָה עַל עַפְעַפָּי.

3 וִיהִי רָצוֹן מִלְּפָנֶיךָ, יהוה אֱלֹהַי וֵאלֹהֵי אֲבוֹתַי,

4 שֶׁתַּשְׁכִּיבֵנִי לְשָׁלוֹם וְתַעֲמִידֵנִי לְשָׁלוֹם, וְאַל

5 יְבַהֲלוּנִי רַעְיוֹנַי וַחֲלוֹמוֹת רָעִים וְהִרְהוּרִים

6 רָעִים, וּתְהֵא מִטָּתִי שְׁלֵמָה לְפָנֶיךָ, וְהָאֵר עֵינַי

7 פֶּן אִישַׁן הַמָּוֶת, כִּי אַתָּה הַמֵּאִיר לְאִישׁוֹן בַּת

8 עָיִן. בָּרוּךְ אַתָּה יהוה, הַמֵּאִיר לָעוֹלָם כֻּלּוֹ בִּכְבוֹדוֹ.

"Please Hashem ... Let me sleep in peace and wake up in peace, and let me have no bad thoughts or dreams."

Cover your eyes with your right hand for the first line of the שְׁמַע. The second line is said in a whisper.

שְׁמַע יִשְׂרָאֵל, יְהוָה אֱלֹהֵינוּ, יְהוָה ׀ אֶחָד:

בָּרוּךְ שֵׁם כְּבוֹד מַלְכוּתוֹ לְעוֹלָם וָעֶד.

וְאָהַבְתָּ אֵת יְהוָה אֱלֹהֶיךָ, בְּכָל־לְבָבְךָ וּבְכָל־נַפְשְׁךָ וּבְכָל־מְאֹדֶךָ: וְהָיוּ הַדְּבָרִים הָאֵלֶּה, אֲשֶׁר אָנֹכִי מְצַוְּךָ הַיּוֹם, עַל־לְבָבֶךָ: וְשִׁנַּנְתָּם לְבָנֶיךָ וְדִבַּרְתָּ בָּם, בְּשִׁבְתְּךָ בְּבֵיתֶךָ וּבְלֶכְתְּךָ בַדֶּרֶךְ, וּבְשָׁכְבְּךָ וּבְקוּמֶךָ: וּקְשַׁרְתָּם לְאוֹת עַל־יָדֶךָ וְהָיוּ לְטֹטָפֹת בֵּין עֵינֶיךָ: וּכְתַבְתָּם עַל־מְזֻזוֹת בֵּיתֶךָ וּבִשְׁעָרֶיךָ:

הַמַּלְאָךְ הַגֹּאֵל אֹתִי מִכָּל־רָע יְבָרֵךְ אֶת־הַנְּעָרִים
וְיִקָּרֵא בָהֶם שְׁמִי וְשֵׁם אֲבֹתַי אַבְרָהָם וְיִצְחָק
וְיִדְגּוּ לָרֹב בְּקֶרֶב הָאָרֶץ:

GW00361200

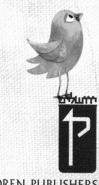

KOREN PUBLISHERS JERUSALEM